D1734045

Ausgewählte Auszüge aus dem Königsspiegel

Des Wikingers Leitfaden
für geschäftlichen Erfolg

Ausgewählte Auszüge
aus dem Königsspiegel

DES
WIKINGERS
LEITFADEN FÜR
GESCHÄFTLICHEN
ERFOLG

Übersetzt aus dem Altnordischen
von Coletta Bürling

Deutsche Übersetzung © Coletta Bürling

Text und Illustrationen: Für den Druck ausgewählt unf redigiert von Björn Jonasson
Umschlag und Gestaltung: Helgi Hilmarsson und Björn Jonasson

© GUDRUN 1997

Reykjavík – Göteborg – Oslo – København

ISBN 9979-856-23-8 (gebunden)

Berkeley 6-24p – Goudy 14p – Charlemagne

Druck: Oddi hf.
Printed in Iceland

Inhalt

Vorwort

Dieses Buch stellt einen Auszug aus dem nordischen Königsspiegel (*Speculum regale*) dar, der den mittelalterlichen Fürstenspiegeln im europäischen Raum vergleichbar ist. Er enthält Ratschläge und Weisheiten für diverse Stände der Gesellschaft, darunter Kaufleute, Höflinge und Gelehrte. Das Buch, das etwa um 1240 entstanden ist und die damalige Gesellschaft beschreibt und widerspiegelt, hatte vornehmlich den Zweck, gesittetes äußeres Verhalten und gutes Benehmen zu propagieren.

In den vier- bis fünfhundert Jahren, die seit Beginn der Wikingerzeit bis zur Abfassung dieser Handschrift verstrichen, hatte sich im Norden eine bedeutende Handelstradition auf hohem Niveau herausgebildet. Nachdem sich die Völker des Nordens in bewaffneten Raubzügen ausgetobt hatten, wandelten sich die Beziehungen zu anderen Völkern nach und nach und wurden Teil einer europäischen Großmachtpolitik, in der die nordischen Nationen eine Zeitlang eine Rolle spielten. Die Wikingerzüge bereiteten aber auch den Weg für ausgedehnten organisierten Handel.

Als der Königsspiegel geschrieben wurde, war die eigentliche Wikingerzeit zu Ende gegangen und eine neue Zeit angebrochen, und die Erfahrung, die sich im Laufe der Jahrhunderte angesammelt hatte, war zu kultiviertem Wissen geworden. Die Wikingerzeit war durch Fahrten zu weit entfernten Ländern gekennzeichnet, denn die Wikinger waren allen anderen in bezug auf nautisches Wissen überlegen. Die Kenntnisse über Schiffahrtswege und topographische und geographische Gegebenheiten hatten sich enorm erweitert. Dieses Wissen bildete später die Grundlage für den regen Handel im Ostseeraum.

Solches aus alter Tradition zusammengetragenes Wissen wird in diesem Leitfaden zusammengefaßt. Der vorliegende Text basiert auf der Ausgabe von Magnús Már Lárusson (Reykjavík 55) und wurde nur durch die Überschriften erweitert. Die Bilder stammen aus *Historia de Gentibus Septentrionalibus* (Rom 1555) von Olaus Magnus.

Wer ist ein Kaufmann?

ierzu fühlen sich oft die besten Männer berufen. Aber es kommt darauf an, ob man so wie die aufrichtigen Kaufleute sein will, oder so wie diejenigen, die sich als Kaufmann bezeichnen, aber doch nichts anderes sind als Krämer und Betrüger und unredlich kaufen und handeln.

Bei fremden Völkern

Ein Kaufmann muß sich häufig in Lebensgefahr begeben. Manchmal auf dem Meer, manchmal aber auch in heidnischen Ländern, aber fast immer unter fremden Völkern, und man muß stets darauf bedacht sein, sich dort, wo man sich befindet, richtig zu verhalten.

Sei gesittet
und leutselig

aufleute
müssen auf
dem Meer
über große Entschlos-
senheit und Körperkraft
verfügen. Bist du aber
an einem Handelsort,
oder wo immer du bist,
dann sei gesittet und
leutselig. Das macht
einen bei allen guten
Menschen beliebt.

Morgendliche Verrichtungen des Kaufmanns

ewöhne dir an, morgens zeitig aufzustehen, und geh erst einmal zur Kirche, wo es dir am passendsten erscheint, und dort nimm teil an allen Horen. Höre dann die Messe gleich nach der ersten Hore und bete unterdessen für dich die Gebete und Psalmen, die du kennst.

Halte dich an die besten Männer

ach dem Gottesdienst tritt hinaus und schau dich um in deinem Handel. Ist dir aber das Geschäfts- gebaren an diesem Ort unbekannt, dann achte darauf, wie der Handel in diesem Ort von denen getätigt wird, die als die wichtigsten und besten Kaufleute gelten.

Prüfe die Ware, die du kaufst

Auch sollst du bei der Ware, die du kaufst, darauf achten, daß sie in jeder Hinsicht unverdorben und fehlerfrei und vorher überprüft worden ist, ehe du den Kauf endgültig tätigst. Aber bei allen Geschäften, die du machst, ziehe immer einige zuverlässige Leute hinzu, die bezeugen können, wie der Kauf getätigt wurde.

Halte einen
guten Tisch

einen Tisch
sollst du
mit weißen
Tüchern und reiner
Speise decken und
guten Getränken.
Versorge dich gut für
deinen Tisch, wenn du
es so einrichten kannst.

Halte die Augen auf

Nach dem Essen gehe eine Weile aus und suche Unterhaltung. Halte die Augen auf, was andere Kaufleute tun und treiben oder ob irgendwelche neue Ware am Ort eingetroffen ist, die du unbedingt haben solltest.

Sei auf der Hut und auf deine Ehre bedacht

Kommst du auf deine Herberge, dann untersuche deine Ware, damit sie nicht später sich als beschädigt erweist, wenn sie in deinen Besitz gekommen ist. Aber falls an deiner Ware solche Schäden auftreten, daß du sie verkaufen mußt, dann verhehle es nicht vor demjenigen, der kauft. Zeige ihm die Makel, die sich darin finden, und danach schließt ihr euren Vertrag ab wie gewohnt, und du wirst nicht als Betrüger gelten.

Sei maßvoll

Setze einen
guten Preis für
deine Ware an,
der aber näher dem ist,
was du als gutes
Mittelmaß einschätzt.
Dann giltst du nicht als
Geschäftemacher.

Bilde dich
durch Bücher

ber das sollst
du beachten,
daß du zu jeder
Zeit, die du erübrigen
kannst, daran denken
mußt, etwas zu zu lernen.
In erster Linie aus Rechts-
aufzeichnungen, denn es
zeigt sich immer wieder,
daß das Wissen aller
anderen geringer ist als
derjenigen, die sich auf
Bücher verstehen. Wer
sich nämlich gebildet hat,
kann am besten seine
Kenntnisse unter Beweis
stellen.

Mach dich der Gesetze kundig

ach dich mit allen Gesetzbüchern vertraut, aber solange du Kaufmann bist, dann eigne dir vor allem das Recht von Bjarkey an. Wenn du dich nämlich im geltenden Recht auskennst, dann wird dir kein Unrecht widerfahren können, falls du mit deinesgleichen Händel hast, und du kannst dich in allen Prozessen nach dem Gesetz behaupten.

Eigne dir gute Sitten an

Es ist niemand vollkommen versiert, es sei denn, er sei verständig und und vertraut mit allen Sitten und Gebräuchen, wo auch immer er sich befindet. Wenn du ein vollkommenes Maß an Kenntnissen erreichen willst, dann eigne dir alle Sprachen an, vor allem aber das Lateinische und das Welsche. Denn diese Sprachen sind fast überall zu verwenden. Vernachlässige dennoch nicht deine eigene Sprache.

Sei regsam

Sei immer regsam, aber doch nicht so, daß es deiner Gesundheit schadet.

Sei freundlich
und leutselig

Vermeide es, mürrisch zu sein, denn ein mißmutiger Sinn ist gleichwohl krank. Sei lieber freundlich und leutselig, sei ausgeglichen und nicht launisch.

Wähle dir gute Gesellschaft

Sei auf der Hut vor Lastern und lehre einen jeden nur Gutes, der von dir lernen will, und pflege nur mit den besten Männern vertrauten Umgang.

Hüte deine Zunge

abe deine
Zunge
sorgfältig
im Zaum und wisse,
dies ist ein wohlmeinen-
der Rat. Denn deine
Zunge kann dir zur
Ehre und zur Schande
gereichen. Auch wenn
du wütend wirst, sprich
wenig und niemals
übereilt. Denn ein Wort
im Zorn und übereilt
gesprochen möchte man
hernach mit Gold
zurückkaufen, um es
ungesagt zu machen.

Meide böse Worte

Selbst wenn manche es nicht lassen können, so weiß ich doch keine Genugtuung, die jemandem abträglicher sein kann, als sich auf ein Wortgefecht mit einem anderen einzulassen, wenn man mit Seinesgleichen uneins ist. Das laß dir gesagt sein, daß darin die höchste und beste Stärke des Menschen liegt, seine Zunge zu beherrschen vor Flüchen und bösen Worten anderen gegenüber, Schimpfereien und Geschwätz und allem anderen Mißbrauch der Zunge.

Laß dein Kind nicht ohne Beschäftigung aufwachsen

enn dir Kinder geschenkt worden sind, dann laß dein Kind nicht ohne Beschäftigung aufwachsen, denn dann kann man am ehesten erwarten, daß der Mensch selbst nach Verstand und Kenntnissen strebt, wenn er mündig wird, so er in der Jugend schon einige Einsicht gewinnt, solange er unter der Zucht steht.

Vermeide Trunkenheit und Dirnen

Es gibt noch weitere Dinge, vor denen du dich hüten sollst wie vor dem Teufel persönlich. Das sind Trunkenheit und Spiel, Dirnen und Streitereien und Glücksspiel. Denn von diesen Ursachen rührt das schlimmste Unglück her, und nur ganz wenige werden lange ein Leben ohne Laster und Verbrechen führen, die diese Dinge nicht vermeiden.

Sei des Rechnens
kundig

Beschäftige dich
sorgfältig mit
Tageslicht und
dem Gang der Gestirne,
dem Wechsel der Jahres-
zeiten und der Einteilung
des Horizonts, und lerne
es, darauf zu achten, wie
die Unruhe des Meeres
abnimmt oder zunimmt,
denn das ist wertvolles
Wissen und notwendig
für diejenigen, die see-
fahrende Kaufleute sein
wollen. Mach dich gut
mit der Rechenkunst
vertraut, denn ihrer
bedürfen Kaufleute
besonders.

Befreunde dich mit dem Mächtigen

Solltest du dich an einem Ort be-finden, wo Bevoll-mächtigte des Königs sind oder wichtige Vertreter dessen, der dort über das Land gebietet, wo du dich befindest, dann mach sie dir zu deinen Freunden.

Lieber gleich Vorsorge treffen als später bitten

Im Falle, daß herausragende Personen einige notwendige Aufgebote im Auftrag des Landesherrschers erlassen, dann beteilige dich bei allen Aufgeboten und Aufträgen, damit du nicht kleine Summen sparst, um größere zu verlieren. Achte darauf, daß dir kein Königsgut in den Beutel kommt, denn du weißt nicht, ob nicht derjenige geldgierig wird, der mit der Sache beauftragt ist. Es ist schlimmer, später zu bitten, als vorher Vorsorge zu treffen.

Hocke nicht lange
auf deiner Ware

ocke auch
nie zu lange
auf deiner
Ware, wenn du sie zum
richtigen Preis verkaufen
kannst, denn das zeichnet
den guten Kaufmann aus,
beständig einzukaufen
und rasch wieder abzu-
stoßen.

Umgib dich mit den besten Männern

Verschaffe dir auch nur in guten Schiffen Anteil oder gar nicht. Sorge dafür, daß dein Schiff einladend wirkt, dann heuern gute Leute an und das Schiff ist gut bemannt. Richte auch dein Schiff am Anfang des Sommers her und fahre zur besten Sommerszeit aus und habe immer einwandfreie Takelage auf deinem Schiff. Sei im Herbst nicht zu lange auf dem Meer, wenn du selbst zu bestimmen hast. Sei auf alle diese Dinge gut bedacht, dann besteht die Hoffnung, daß es mit Gottes Hilfe gelingt.

Willst du als
klug gelten

Bedenke sehr
wohl, daß nie-
mals der Tag zu
Ende gehe, ohne daß du
irgendetwas lernst, das von
Vorteil für dich ist, so du
als klug gelten willst. Und
sei nicht jenen gleich,
denen es eine Herab-
setzung dünkt, daß ein
anderer ihnen Dinge sagt
oder sie etwas lehrt, was
ihnen von großem Vorteil
wäre, wenn sie es beherzig-
ten. Empfinde es gleicher-
maßen als Ehre zu lernen
und zu lehren, wenn du als
klug gelten willst.

Am Handelsort

Wenn du zu einem Handelsort kommst und dich dort aufhalten willst, dann miete dir dort eine Herberge, wo du in Erfahrung gebracht hast, daß ein Wirt wohnt, der sowohl bei Bürgern als auch Gefolgsleuten als der friedfertigste und beliebteste gilt. Halte dich stets gut in bezug auf Essen und Kleidung, wenn es dir möglich ist. Umgib dich bei Tisch und in Gesellschaft niemals mit streitsüchtigen und unangenehmen Männern.

Sei friedfertig

Sei selber so friedfertig wie nur irgend möglich, aber doch nicht so, daß du nicht aus allzu großer Zaghaftigkeit heraus Schmach oder schwere Kränkungen erleiden mußt. Aber selbst wenn Notwendigkeiten dich dazu zwingen, einen Streit auszutragen, dann übereile doch nichts in Sachen Rache, bevor du nicht siehst, daß sie erfolgversprechend ist und den trifft, der es verdient. Aber handle nicht übereilt, wenn du siehst, daß es keinen Erfolg verspricht, und suche im Zweifelsfall nach späterer Genugtuung, es sei denn, der andere macht dir ein solches Angebot, daß es dir zur Ehre gereicht.

Trägt dein Geld
gute Zinsen

enn aber
dein Geld
auf Kauf-
fahrten gute Zinsen trägt,
dann teile es gleichmäßig
Handelsgemeinschaften
an anderen Orten auf, wo
du selbst nicht hinge-
langst, aber sei vorsichtig
in der Wahl deiner
Partner.

Im Verein mit Gott, Maria und den Heiligen

Immer sollst du Gott den Allmächtigen und die Heilige Muttergottes Anteil an deinem Geschäft haben lassen sowie denjenigen Heiligen, den du häufig um Fürbitte anrufst. Und verwalte das Geld sorgfältig, das diese heiligen Personen zusammen mit dir besitzen und führe es immer gewissenhaft an die Stellen ab, denen es von Anfang an gelobt war.

Wie soll man
sein Geld anlegen?

Wenn du großen Gewinn aus Kauffahrten erworben hast, dann teile ihn in drei Teile. Lege einen Teil gemeinsam an mit solchen Männern, die an guten Handelsorten ansässig und dir treu gesinnt sind und sich auf Geschäfte verstehen. Die beiden anderen Teile lege an verschiedenen Stellen an und in Handelsfahrten. Dann besteht die wenigste Gefahr, daß alles auf einmal verlorengeht, wenn dein Geld an vielen Stellen gleichzeitig angelegt ist, und die beste Aussicht, daß es an einigen Stellen erhalten bleibt, auch wenn das Vermögen häufig gefährdet sein kann.

Lege in Grundbesitz an, denn das Geld ist häufig das sicherste

enn du gewahr wirst, daß dein Geld auf Handelsfahrten in jeder Hinsicht gute Zinsen zeitigt, dann nimm zwei Teile und lege sie in Grundbesitz an, denn das Geld ist häufig das sicherste, ob man nun selbst es nutznießen kann oder die Nachkommen. Ansonsten kannst du mit dem dritten Teil tun, wie dir beliebt, ihn entweder auf weitere Handelsfahrten verwenden oder in Grundbesitz anlegen.

Wenn dein Vermögen
sich optimal verzinst

ber selbst wenn du dein Geld lange in Kauffahrten investierst, dann hör doch auf, selbst die Meere zu befahren und von Land zu Land Handel zu betreiben, wenn dein Geld sich optimal verzinst und du selbst die Sitten der Menschen kennengelernt hast, wie es dir beliebte. Aber behalte alle, gute wie schlechte, im Gedächtnis. An alle schlechten Sitten erinnere dich als abschreckendes Beispiel - aber alle guten Sitten eigne dir selber an zu deinem Nutzen und aller derer, die von dir lernen wollen.

Anhang

Über
das Bjarkey-Recht

Das älteste Ortsrecht in den nordischen Ländern trägt den Namen Bjarkeyjarréttur (Recht von Bjarkey, vgl. S. 33). In Nordisk Kulturhistorisk Leksikon heißt es: Die ursprüngliche Bedeutung des Wortes Bjarkey-Recht muß wohl "Recht, das am Ort Bjarkey gilt" gewesen sein. Von all den vielen Orten in Nordeuropa, die diesen Namen trugen, war jedoch nur einer so bedeutsam, daß er in Frage kommt, nämlich das heutige Birka auf einer Insel im Mälaren-See bei Stockholm. Vieles deutet darauf hin, daß das Gesetz, das der norwegische König Ólafur Tryggvason in Nidaros (heute Trondheim) bei der Gründung der Siedlung im Jahre 997 erließ, ebenfalls Bjarkey-Recht geheißen hat, aber bevor dieses norwegische Bjarkey-Recht in Kraft gesetzt wurde, war Birka in Schweden schon lange ein bekannter Handelsort gewesen.

Birka und Haithabu bei Schleswig gelten als die ersten Handelsplätze der Wikinger. Andere bekannte Orte waren Eketorp auf Öland, Ribe in Jütland, Fotevik in Skåne, Trelleborg auf Seeland und Dorestad am Rhein. Alle diese Orte blühten in der Wikingerzeit auf, und aus dieser Zeit stammt das Recht von Bjarkey, das in erster Linie Handelsrecht war oder Ortsrecht für Plätze, an denen der Handelsaustausch stattfand.

Das Bjarkey-Recht existierte in vielen Varianten und ist recht unterschiedlich je nach örtlichen Gegebenheiten, obwohl es auf einer gemeinsamen Basis beruht.